Lena Strömberg

Resultados para órbitas não-circulares

AF665887

Lena Strömberg

Resultados para órbitas não-circulares

ScienciaScripts

Imprint
Any brand names and product names mentioned in this book are subject to trademark, brand or patent protection and are trademarks or registered trademarks of their respective holders. The use of brand names, product names, common names, trade names, product descriptions etc. even without a particular marking in this work is in no way to be construed to mean that such names may be regarded as unrestricted in respect of trademark and brand protection legislation and could thus be used by anyone.

Cover image: www.ingimage.com

This book is a translation from the original published under ISBN 978-3-659-85218-3.

Publisher:
Sciencia Scripts
is a trademark of
Dodo Books Indian Ocean Ltd. and OmniScriptum S.R.L publishing group

120 High Road, East Finchley, London, N2 9ED, United Kingdom
Str. Armeneasca 28/1, office 1, Chisinau MD-2012, Republic of Moldova, Europe
Printed at: see last page
ISBN: 978-620-8-35886-0

Copyright © Lena Strömberg
Copyright © 2024 Dodo Books Indian Ocean Ltd. and OmniScriptum S.R.L publishing group

Índice

Resultados para órbitas não circulares

Lena J-T Stromberg

Este livro é dedicado a um público vasto, uma vez que varia entre análises complexas e desenvolvidas e imagens e descobertas quotidianas. A base assenta em resultados da legenda de artigos dos anos 2014-16 de acesso livre, e referidos. Pode ser utilizado complementarmente em cursos para estudantes de licenciatura e pós-graduação, e não só, bem como para divertimento individual. Os meus agradecimentos vão para os meus professores de mecânica, matemática e ciências aplicadas: Kenneth, Patrik, Ragnar, Titti, Ingrid, Matti, Jonas, Mârten, Adam, Susanna, Annika, Christer, Jan, Niels, Ebbe, Anette, e para a família e amigos Eva, Maria, Katarina, Eva, Birgitta, Thomas, Martin, Graham, S:t Patrick e Apollon

Pomba

2016-02-16

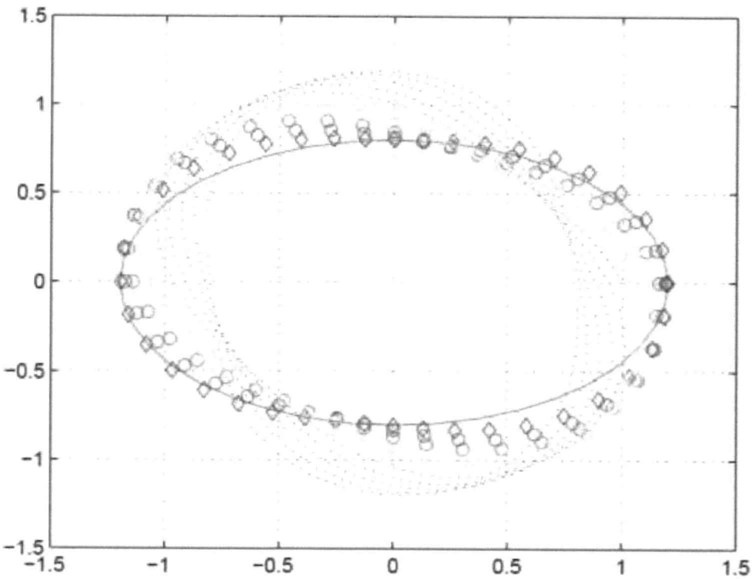

Capítulo 1

Tove invariante no tempo Tti, e definição de um espaço J na zona de excentricidade, exemplificado com o efeito Magnus e imagens de luz lateral

Lena J-T Stromberg

anteriormente Departamento de Mecânica dos Sólidos, Instituto Real de Tecnologia, KTH, Suécia

correio eletrónico: lena_str@hotmail.com

Resumo

É derivado um invariante temporal para uma órbita não circular. Este é designado por Tti e é um escalar que relaciona pontos em diferentes localizações da curva. Assume-se que é válido tanto para arcos como para rotações completas. Com esta nova estrutura, os conceitos de dinâmica não linear e luz lateral são descritos. O efeito Magnus para uma bola com backspin será descrito considerando a órbita balística e o spin, em conjunto com uma trajetória não circular com frequência L. O Tti para a órbita não circular fornece uma descrição qualitativa da diminuição da largura da órbita. Uma diferenciação do invariante temporal dá origem a um espaço diferencial, designado por espaço J. Este é mais geral e não está ligado a uma trajetória completa em torno de um ponto central. Assume-se que tais espaços em diferentes locais (e escalas) podem ligar-se, mesmo quando as órbitas originais não são iguais. O espaço J- é exemplificado com fotografias de luz lateral num buraco, que se assemelha a um olho. Observa-se que a luz se move constrangida, girando em torno de diferentes eixos. A partir daí, são tiradas conclusões para obter resultados qualitativos para constelações de estrelas e trajectórias curvas na decomposição espetral. Reunindo as notações de SO(3) com Tti, obtém-se uma ligação entre rotação rígida e extensão relativa.

Palavras-chave: Invariante temporal Tove, efeito Magnus, Espaço J, Luz Lateral, $v_{\pi 2}$ - projeção, SO(3), constelações estelares, Polaris, imagem, representação

INTRODUÇÃO

Os conceitos de órbita não circular de Stromberg (2014; 2015) parecem ter muitas aplicações, para sistemas a diferentes escalas, em movimentos em trajectórias com uma curvatura, e onde qualquer tipo de movimento ondulatório. Na Terra, tais trajectórias são, por exemplo, a onda de Rayleigh num terramoto, o cosseno hyberbólico na braquistócrona e a parábola/curva balística para uma bola sujeita à gravidade.

Aqui, um invariante temporal, denotado Tti, será derivado e aplicado a um sistema dinâmico não linear macroscópico composto, à forma do arco-íris e à formação de imagens e sombras pela luz.

Como primeiro exemplo, será analisada a forma como a trajetória balística de uma bola de golfe é alterada pela interação com a sua rotação. Em comparação com descrições complexas com interação fluido-estrutura, o Tti fornece um modelo intrínseco simples.

É feita uma diferenciação do invariante temporal para obter um espaço (mais pequeno), dentro de uma zona de excentricidade.

Este será designado por espaço J. A base desta análise está relacionada com a geometria diferencial e as variedades, cf. Arnold (1963;1989), Lovelock e Rund (1990), Fulton (1995). A partir daí, será proposta uma correspondência com a imagem e a projeção. Esta será aplicada à fotografia de uma superfície curva com um orifício e cores, sujeita a iluminação por luz lateral de um flash. Outra aplicação será encontrada ao assumir que a luz nocturna pode refletir-se na cintura de asteróides, de tal modo que algumas das estrelas são a imagem de asteróides tanto da cintura interior como da exterior. Em ocasiões em que os planetas interiores estão alinhados para serem fotografados, cumprindo a restrição do espaço J, e outras restrições de quantificação (por exemplo, velocidade constante da luz, ângulos de simetria), estes podem aparecer como figuras estelares. A suposição é exemplificada com o Cruzeiro do Sul, no Hemisfério Sul, o vagão na figura ligado a Polaris (a Estrela Polar), e o vagão semelhante a +60gr.

Parece também que é provável que ocorra uma extensão para outra dimensão, para manter os conceitos do espaço quando criado pela luz. Isto pode ser usado para extrapolar para além e fora do nosso espaço-tempo.

Voltando a Tti, verifica-se que a luz pode criar espaços euclidianos em termos de sombras e mover-se em arcos circulares em torno de diferentes eixos. Pode também ser aplicável para descrever redemoinhos e vorticidade.

Se partirmos do princípio de que todas as estrelas são uma projeção, é fornecido um modelo muito pequeno do mundo visual e, a partir dele, pode ser proposta uma extensão ao universo exterior muito próximo. Aqui, a forma e os limites do mundo visual serão explorados. Por exemplo, em locais distantes do Sol, a temperatura é baixa, de modo que as forças magnéticas são grandes e a cinemática não é tão estável. A periodicidade e o escalonamento das propriedades do nosso mundo também podem ser úteis neste contexto.

Embora estas novas possibilidades sejam intrigantes, o conceito de grandes estrelas distantes é muito provável. Será discutido como a visibilidade e a cintilação podem ser descritas a partir de propriedades do espaço J, por meio de equações constitutivas.

INVARIANTE NA ZONA DE EXCENTRICIDADE

Considere o raio $r=r_0+r_e \sin(f\omega_0 t)$ de uma órbita não circular de Stromberg (2014). Para uma função de (r, $f\omega_o$ t), um invariante escalar será derivado, e denotado o invariante temporal Tove, Tti.

Teorema. Tti.

$(r-r_0)^2(f\omega_0 t) + (r-r_0)^2(f\omega_0 t+\pi/2)= r_e^2$ and $(r-r_0)^2(f\omega_0 t)+(r-r_0)^2(f\omega_0 t-\pi/2)= r_e^2$

With notation $(r-r_0)(f\omega_0 t+\pi/2)=\Delta r_{\pi/2}$ and $(r-r_0)(f\omega_0 t-\pi/2)=\Delta r_{-\pi/2}$ and

Insertion of the expression for $r(f\omega_0 t)$ at time-point t gives the formats

$$(\Delta r_{\pi/2})^2/r_e^2 = 1 - \sin^2(f\omega_0 t) \quad \text{and} \quad (\Delta r_{-\pi/2})^2/r_e^2 = 1 - \sin^2(f\omega_0 t) \tag{1}$$

Prova. Inserção de r e avaliação da função trigonométrica.

Observação 1. Com $\varphi=f\omega_o$ t e assumindo f constante, o invariante pode ser expresso na variável espacial.

Observação 2. É conveniente manter a notação com - e +, de modo a que haja uma dependência de pontos para a frente no tempo e para trás no tempo, em relação ao tempo atual.

EFEITO MAGNUS PARA BOLA (DE GOLFE) COM ROTAÇÃO.

No caso ideal, o centro de massa move-se ao longo de uma linha balística:

No ponto de pico, a velocidade é zero, e assume-se que o movimento relativo interage com o movimento do centro de massa, de tal forma que (em comparação com o caso ideal) é adicionado um ângulo adicional. O ângulo é fornecido, uma vez que já existe uma velocidade angular, de modo que o ângulo é obtido antes do deslocamento espacial ideal, que depende da aceleração, ou seja, da gravidade g.

Quando a curva balística no ponto de pico é aproximada como uma órbita não circular a partir de Stromberg (2014), o ângulo adicional estará relacionado com um deslocamento espacial num ponto avançado $\pi Z2=$ 90gr, daí, c.f. uma expansão em série do invariante temporal Tove (1). Isto diminui a largura da trajetória balística. O efeito começa presumivelmente antes do ponto de pico, uma vez que também aí a trajetória é curva, e a mesma explicação pode ser aplicável.

(Se, em vez disso, se assumir que, desde a rotação para trás, a bola conseguirá um pequeno deslocamento adicional para o exterior, antes do ponto de pico, o que corresponderá a uma velocidade angular e a um ângulo adicional e deslocamento para o exterior após o ângulo seguinte $\pi Z2=$ 90gr, ao longo da curva, e depois a largura é aumentada).

O mesmo modelo, mas invertido, e antes do ponto de pico, pode ser aplicado para girar na outra direção, e então a largura é aumentada.

J-ESPAÇO: ESPAÇO-TEMPO DESCRITO COM INCREMENTOS

A differentiation of (1) gives $2\Delta r_{\pi/2} dr_{\pi/2} = -r_e^2 f(d\phi)\sin(2f\phi)$ (2)

em que $dr_{\pi 2}$, e $d\varphi$ são diferenciais/incrementos.

Sejam os incrementos ($dr_{\pi 2}$, $d\varphi$,dt), definindo um espaço-tempo, onde $d\varphi$, dt estão no momento atual, na zona de excentricidade c.f. [1]. Este, e a relação (2), como restrição, serão posteriormente designados por espaço J.

O espaço proporciona uma relação entre dimensões, uma memória em termos de uma estrutura complexa mas finita do espaço que pode ser considerada como uma presença distribuída.

Esses espaços podem ligar-se; desde vibrações gitter de átomos, a subestruturas de luz como arco-íris, em reflexo e em remoinhos e redemoinhos.

Para descrever outros fenómenos na natureza e na engenharia, pode assumir-se uma dependência funcional das variáveis em termos de equações constitutivas. Isto implica uma dependência do tempo passado ou futuro, mas isso também é um resultado da Tti. Uma pequena medida de área no espaço torna-se complexa, podendo ser minimizada em determinados ângulos e tornar-se infinita noutros ângulos.

Assumindo $d\varphi = d(\omega t)$ com $d\omega$ pequeno comparado com dt, obtém-se um formato com uma velocidade

Teorema: $v_{\pi 2}$ projeção

A velocidade perpendicular, nos instantes $t=t_0 + \pi/2/(f\omega)$ e $t=t_0 - \pi/2/(f\omega)$, admitindo que $dt=dt_{\pi 2}$, tal que a diferencial de tempo tem o mesmo valor em + e $-(\pi/2)$, é dada por

$$v_{\pi/2} = -(1/2) r_e^2 / \Delta r_{\pi/2}\, f\omega \sin(2f\phi) \qquad (3)$$

A função é uma velocidade. É designada por projeção $v_{\pi/2}$, porque emana de um ponto da curva que está a π/2 do "ângulo temporal atual" e projecta parte da luz lateral.

Prova. Avaliação da diferencial $d\varphi$, negligenciando $d\omega$.

Observação 1. Quando f não é 1, o ângulo de fase será $\pi/(2f)$.

Observação 2. A notificação "projeção" é descoberta a partir das imagens, Figura 1 e 2. Além disso, pode projetar uma imagem para uma superfície, sendo um iniciador de luz lateral.

A fórmula é geral, uma vez que a notação de $\Delta r_{\pi/2}$ não é substituída pela expressão exacta para uma órbita contínua, e assume-se tacitamente que diferentes espaços J podem ligar-se, de modo que existem diferentes excentricidades, frequências e fator f nas funções.

Nota-se que a velocidade num ponto anterior tem semelhanças com a projeção de um ponto em 3 dimensões na direção r. Devido à dependência de $\pi/2$, ou seja, 1/4 de volta de um círculo, o formato será denotado como uma projeção $\pi/2$.

Se, em vez disso, assumirmos que ω varia mais rapidamente do que t, uma fórmula para órbitas consideradas como um turbilhão, Hawking-vorticidades, ou parte oblíqua distribuída do gradiente de velocidade,

Arnold (1989)). Isto pode ser comparado com partes da análise composta e pormenorizada de turbilhões e vórtices em Walther e Komoutsakis (2001), van Reez et al (2013).

FOTOGRAFIA COM LUZ LATERAL NUM BURACO COM UMA CURVA ACENTUADA

Um padrão de cores numa curva e com um buraco foi fotografado com um flash. As fotos são vistas nas Fig. 1 e 2, e serão descritas para uma luminização, consistente com uma trajetória não circular. Suponha-se, num modelo simplificado, que a luz ilumina uma superfície, de tal forma que percorre uma trajetória tangencial com uma velocidade, e que a velocidade perpendicular é uma parte da luz reflectida. O formato é indeterminado, e quando iluminada durante um tempo superior ao que a câmara admite, podem existir muitas trajectórias, de tal forma que o olho consegue uma imagem mais detalhada (em 3d). A imagem na câmara é confinada devido a um tempo curto e a uma projeção em 2d.

Resultados

Para relacionar com outras descrições da luz, o processo poderia ser designado por "difração projectada de curta duração à mesoescala". Ver-se-á como o constrangimento rege as imagens e as representações, e será visível uma quantificação em termos de valores discretos para o ângulo de rotação.

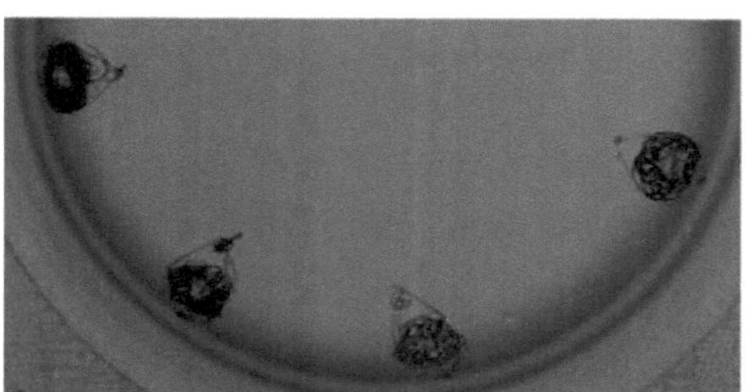

Figura 1. Fotografia com flash a entrar lateralmente em orifícios com cores e padrões diferentes

Figura 2. Fotografia de um orifício com padrão, mostrando uma representação

Há dois efeitos que aparecem em várias fotografias. 1) Existe um padrão mapeado no orifício. 2) O papel é dobrado no limite do orifício, e a dobra (aproximadamente 90gr) é mapeada mais para cima, com um ângulo de dobra menor, de tal forma que, na imagem, a área projectada fica maior e cobre mais o orifício do que é visto a olho nu.

Na Figura 1, para o orifício mais à direita, o papel dobrado de 90gr aparece como no orifício, e um padrão difuso que se assemelha ao do lado é visto dentro do orifício. No orifício mais à esquerda da Figura 1, a linha fina ao lado é possivelmente representada como uma sombra/linha no orifício. O mesmo se verifica na figura 2, no buraco da direita com "corações". A sombra no limite do buraco pode ser a imagem de um padrão lateral.

Com estas preliminares, será proposta uma conjetura de visualização.

Conjetura do espaço J. Embora não seja totalmente determinista, a luz em curvas acentuadas pode seguir espaços J.

Prova explicativa. A projeção do papel no interior, que originalmente era perpendicular ao orifício, pode dever-se a uma reflexão no plano e ao facto de parte da luz reflectida atingir uma velocidade radial, chegando à câmara perpendicularmente ao plano. O aparecimento do padrão do lado do orifício, no orifício, pode ser devido a uma memória de condições no ângulo +-pi/2.

Outros exemplos em que a luz se move em arcos e cria novas formas é a advecção dos olhos sujeitos a uma exposição prolongada à radiação (ionização), proveniente, por exemplo, de ecrãs e monitores.

ENTRADAS DA MATRIZ DE SO(3)

Proposta I. A transformação ortogonal; rotação de um ângulo fφ em torno de um eixo n (que, juntamente com uma reflexão num plano, constitui o grupo SO(3)), pode ser expressa de forma simples com as notações de Tti.

Proposição. Escolhendo um quadro cartesiano, e representando com uma matriz, Q , as componentes fora da diagonal no plano perpendicular a n são os harmónicos; $\sin(f\omega_0 t)$ com sinais tais que a parte não diagonal de Q é oblíqua. Os termos diagonais no plano são; $(\Lambda r_{\pi/2})Zr_e$ e paralelos a n; 1. Com esta notação, Tti é dada por detQ=1

Prova. A avaliação $\Lambda r_\pi 2$ definida na expressão para Tti acima, dá um cosseno na localização atual; $\cos(f\omega_0\ t)$. Comparar com uma formulação matricial (ou uma formulação sem coordenadas) de SO(3) im e.g. Arnold (1989) ou outra literatura sobre o assunto.

PRELIMINARES PARA OUTRAS MODELAÇÕES

Em conclusão: O espaço Tti e o espaço J podem ser úteis para descrever a luz, uma vez que

- Tti, promove a criação de um arco ou círculo completo (corona), uma vez que a dependência de + e - π/2
- Podem existir espaços J em locais onde a luz pode ser criada ou reflectida. Essas regiões, pequenas ou extensas, podem compor uma trajetória (arco, arco-íris, órbita não circular) que obedece à restrição Tove invariante no tempo (1) e à relação para o espaço J (2).
- As ondas de luz formam arcos, e existe uma memória; uma relação entre partes espaciais no ângulo π/2
- A luz estabelece contactos através da formação de estruturas, formas curvas, de preferência com partes já curvas, por exemplo, o olho, cf. Figura 3 e 4.

Figure 3 Decomposição espetral da luz num prisma, mostrando que as trajectórias da luz monocromática são algo curvas, o que pode ser descrito com uma trajetória não circular.

Figure 4 . *Hipótese do Arco-Íris.* Os pequenos arcos podem ser espaços J e, como tal, podem ligar-se a Tti.

CINTURA EXTERNA DE ASTERÓIDES

As noites muito brilhantes podem ser quando as cinturas de asteróides exteriores em Júpiter não estão no mesmo plano que as interiores, criando um buraco interior de reflexão, que fornece uma imagem da luz solar reflectida como uma imagem sobreposta.

FORMAÇÃO DE CONSTELAÇÕES DE ESTRELAS

Preliminares

Para descrever as figuras das estrelas, serão exploradas informações adicionais da fotografia da luz lateral.

VAIN DE CHARLES (KARLAVAGNEN , STORA BJ0RNEN, BIG DIPPER)

O vão de Charles, também conhecido como Stora Bjornen, encontra-se no zénite para a latitude 60gr. Uma imagem semelhante é Lilla Bjornen, também a Norte, 75gr e ligada a Polaris. É possível que algumas das figuras estelares sejam projecções dos planetas, em configurações adequadas. Outra possibilidade é que a imagem seja a projeção de uma torção no plano (a carroça no vão de Charles), e uma fuga desta para a dimensão fora do plano (o caminho mais reto). A torção no plano pode ser distorcida numa moldura sónica, de modo a que a fuga seja muito rápida, como nos trovões e explosões, cf. Stromberg (2015).

Este comportamento da luz encontra-se nas fotografias do buraco e na criação de um brilho/cintilação/reflexo numa superfície: Uma torção no plano, e um caminho em direção ao olho. O mapeamento pode ser descrito com uma modificação de SO(3), assumindo que a parte oblíqua é um pouco mais cedo do que a diagonal. A representação de uma sombra pode ser assumida da mesma forma, mas ao contrário. Primeiro uma trajetória mais rectilínea (a partir de outra dimensão), e depois uma representação num plano, vista como uma sombra escura. Isto também se encontra nas fotos do furo, dentro do furo na borda do papel dobrado; Figura 1, furo esquerdo, e Figura 2, direito.

Aforismo. Algumas constelações de estrelas podem aparecer após algum tempo de contacto com o olho humano. A visão e a localização podem ser diferentes e subjectivas, como é também o caso da perceção das cores.

A ESTRELA POLAR, POLARIS

A Polaris é observada num local quase constante, no Pólo Norte. É possível que, por vezes, esta seja uma imagem da Terra com uma projeção π/2 da luz do Sol.

A luz do Sol pode tomar um caminho não circular depois de passar pela Terra, seguindo o arco fornecido pelos asteróides (ou um caminho mais próximo no campo magnético). Depois de aproximadamente $\pi/2$, se houver um campo magnético/matéria onde a luz possa aparecer, as condições para o espaço J são válidas, de tal forma que uma velocidade para fora $v_{\pi/2}$, dá uma imagem. A velocidade no local anterior ao atingir o arco a seguir, a Terra era uma sombra, o que corresponde a uma velocidade na outra direção, o que está de acordo com a órbita de uma maré, onde f=2.

O facto de o eixo da Terra ter uma elevação >20gr, pode significar que a imagem não é exatamente uma projeção no plano π/2, mas que a trajetória é em 3D, ou que a trajetória segue o campo magnético em vez da cintura de asteróides, ou que f é maior, f=3 dá um máximo após $\pi/3$.

Pode ser que o caminho se inicie de acordo com a rotação do eixo da Terra, de tal forma que o Norte seja a direção mais favorável.

Uma réplica do vão de Charles é observada a Norte, de tal forma que a Estrela Polar está no fim do caminho de "fuga". Isto pode indicar que os campos electromagnéticos de Einstein et al (1952) estão envolvidos na criação de imagens. Neste domínio de investigação, há resultados que mostram a distribuição de uma cintura de Van Allen, como um interior alongado de uma esfera à volta da Terra.

CRUZEIRO DO SUL

O caminho para sul pode ser na direção oposta (no futuro), de tal forma que a imagem aí é mais complexa. Não há correspondência no Pólo Sul, mas o chamado Cruzeiro do Sul localizado a aprox. -60gr, pode ser assumido como uma imagem de forma semelhante. Na localização 60gr, há também um objeto de 4 estrelas; a carroça na vaidade de Charles.

Pressuposto. Um objeto de 4 estrelas é estendido e criado como uma projeção discreta de uma torção/rotação no plano.

A rotação no plano pode ser do mesmo tipo que a discutida para os buracos, uma sombra (ou uma rotação de superfície cintilante) que cria uma nova partícula de luz com as propriedades adequadas para seguir um caminho para o sul.

Uma comparação com o objeto de 4 estrelas no hemisfério norte mostra que aparece da mesma forma se for rodado em torno de dois eixos: $\pi Z4$ em torno do eixo perpendicular à Terra e π em torno do eixo norte-sul tangencial à esfera celeste.

Uma comparação adicional com as trajectórias no buraco, em termos de proporções e tamanhos das sombras, pode fornecer informações adicionais sobre a localização e os tamanhos das constelações de figuras estelares.

CONJECTURA DA ESTRELA CINTILANTE

Suponha que a visibilidade de uma estrela distante é uma função de propriedades caraterísticas da transmissão da luz, de tal forma que pode ser descrita com uma equação constitutiva.

Postulado. A visibilidade depende da velocidade na órbita, da velocidade radial, da rotação e da medida da área. Para todos estes factores, uma cintilação estará presente, quando a solução é válida por um período de tempo suficientemente longo.

CONCLUSÃO

Foi derivado um invariante escalar para a trajetória não circular, designado por Tove time invariant Tti.

Isto foi aplicado a um sistema dinâmico, numa órbita não circular, o chamado efeito Magnus. A curva balística no ponto de pico foi aproximada com uma parte de uma órbita não circular de Stromberg (2014), e explorando o Tti (1), a diminuição da largura do caminho poderia ser derivada. Outras aplicações são o bumerangue e a turbulência em aeronaves.

Se se assumir que as partículas e as ondas que descrevem a luz se movem em arcos de forma quase circular, Tti pode ser visualizada como um arco-íris. Uma diferenciação de Tti fornece uma restrição (2), que, juntamente com as diferenciais, foi definida como um espaço J. Foi analisada uma fotografia com flash de uma geometria curva com um orifício e um padrão. Discutiu-se como a imagem e a representação eram regidas pela restrição.

Partindo do princípio de que diferentes espaços J se podem ligar, existe uma vasta gama de aplicações, por exemplo, o "sjo gammal" e fenómenos com acoplamentos em acústica.

Algumas das estrelas podem ser projecções (dos planetas) mapeadas e espelhadas, pelo Sol, possivelmente num ciel de superfície de luz nocturna. Esta afirmação foi exemplificada com uma projeção derivada para os espaços J, (3).

Resumindo: Com os resultados aplicados às observações na Terra, deduziu-se que

- Pode haver imagens do interior dos planetas iluminadas pelo movimento da Terra e reflectidas

- A cintura de asteróides pode servir de fundo para refletir a luz solar

- A luz e as estrelas podem aparecer quando o campo magnético interage com um fundo de luz escura, por exemplo, a Northern Light (Stromberg (2015), e o caminho para Polaris a partir de um vão de Charles.

Foram aplicados conceitos de mapeamento com SO(3). A *Proposta I*, é uma montagem de movimento relativo e de rotação: Com uma rotação de corpo rígido, é dada uma zona de deformação.

AGRADECIMENTOS

Os meus agradecimentos são devidos às tradições passadas na engenharia física, por exemplo, aos meus professores de Física; ao sobrinho de Herz, em Dinâmica; ao neto de Fritiof Nansen, e à Mecânica dos Fluidos; ao Professor Hughes, Califórnia, Paalo Alto, e à Dra. Rebbah, na Argélia, por ter proporcionado o conhecimento de aforismos no âmbito da ciência. Aos amigos e supervisores por afirmarem que o modelo pode ser um pequeno passo para o homem, mas um grande passo para a humanidade.

Capítulo 2

Perspetiva do género de uma fêmea homo erectus, visualizada por um toro e comparada com sinos verticais em ressonância de maré.

RESUMO

O homo erectus feminino foi representado pela topologia de um toro com uma subestrutura fractal. Noutro modelo, o coração e o útero são assumidos como um sino vertical. Este modelo adopta resultados em termos de acoplamentos de frequência, que podem estar presentes para organizar o caos em sistemas dinâmicos não lineares. Foi tacitamente assumido que, para um sino mudo, as duas partes podem atingir propriedades orgânicas, para atuar de forma semelhante. Foi aplicada uma massa adicional de aproximadamente o mesmo tamanho e peso, para investigar se uma ressonância pode ser eliminada. Em vez disso, com a localização exterior na mesma posição vertical que o útero, esta massa produziu sangue antes do ciclo, mas numa quantidade não tão grande. Também se registaram hemorragias na altura normal do ciclo, com uma quantidade enorme. O resultado foi comparado com as três luas de Júpiter, que tem a chamada ressonância de Lagrange, com rácios 2 para a rotação orbital. A experiência foi bem sucedida no sentido em que deu resultados que favorecem a hipótese do sino mudo.

Palavras-chave: coração, útero, Io, topologia, ressonância, fractal, biomecânica humana, trato gastro-intestinal

INTRODUÇÃO

Uma vez que o nosso professor mencionou que um donut é o modelo de universo do Homer Simpson, será utilizado um toro para representar a geometria de um ser humano.

O orifício é a boca do trato gastrointestinal e a superfície é o corpo adjacente.

Generalizando com uma estrutura fina, existe uma pequena cavidade adicional à superfície, representando o género feminino. Surge uma estrutura fractal, quando, na gravidez, um outro toro se encontra dentro desta cavidade.

Em topologia, um toro tem dois graus de liberdade (dof) em termos de ângulos, cf.

Arnold (1973) e Fulton (1997) e Figura 1. Quando se pretende descrever também a cavidade, são necessários graus de liberdade adicionais. Se a frequência do coração e a diferenciação temporal de um ângulo estiverem relacionadas, e houver um acoplamento entre os graus de liberdade do toro, a cavidade feminina pode receber propriedades semelhantes às do coração.

Na física moderna, discute-se como os acoplamentos de frequência podem estar presentes para organizar o caos em sistemas dinâmicos não lineares. Fenómenos relacionados no sistema solar são as luas vulcânicas de Júpiter, Io e Europa. Possivelmente, também outros aglomerados espaciais podem apresentar este tipo de propriedades orgânicas. Aqui, o fenómeno será analisado em termos de um sino vertical burro e serão discutidos resultados experimentais qualitativos.

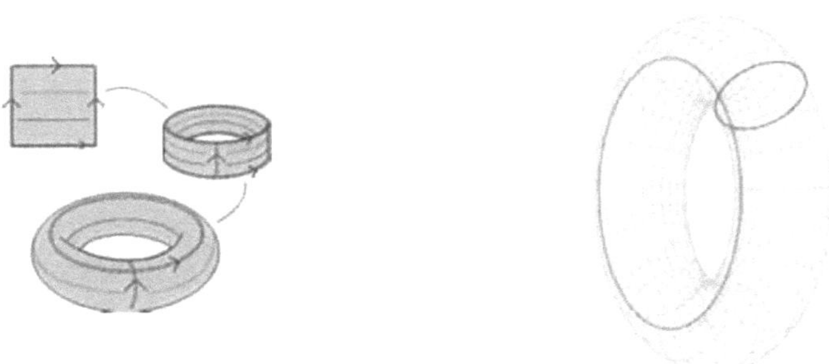

Figura 1. Toro; à esquerda, dobrado a partir de um sistema cartesiano esticado, com ângulos limitados. Direita; um formato mais geral, com direcções e limites de ângulos não especificados.

EXPERIMENTAR COM MASSA EXTERIOR ADICIONAL, PARA ALTERAR A FREQUÊNCIA PRÓPRIA.

Em Stromberg (2015), foi sugerido que, devido à localização e às semelhanças de tamanho, o coração e o útero são um sino vertical mudo. A frequência própria é então determinada como 2, em comparação com a rotação da Terra, e isto é o mesmo que uma maré. A derivação apresentada a seguir baseia-se no sino mudo horizontal de Klemperer e Baker (1957).

Derivação de equações para uma campainha vertical

Consideremos dois satélites, como em Klemperer e Baker (1957) para uma campainha horizontal, mas alinhados verticalmente. As forças são devidas à gravidade para o primário e entre os satélites. A equação do movimento rotacional; o momento de inércia em torno do centro de massa mútuo, e uma linearização, dá um oscilador harmónico com frequência própria 2ω, onde w é a velocidade angular de rotação sideral do primário.

Note-se que, para uma campânula vertical, a frequência própria é o rácio 2, independentemente das massas.

Sabe-se que uma maré redistribui a água na Terra. Sem entrar em pormenores, supõe-se que o comportamento de ressonância provoca a recolha de sangue no útero.

Por conseguinte, seria conveniente, com um dispositivo, controlar de forma a evitar uma ressonância com uma maré. Além disso, na sangria, saber como amortecer uma ressonância com a pulsação do coração seria reconfortante.

Método experimental.

Uma massa não orgânica (neste caso, um telemóvel num saco preso a um cinto (não em funcionamento, mas durante um pequeno período de tempo), foi colocada no exterior, adjacente ao útero de um indivíduo. O efeito foi imediato (em 2 dias), em termos de hemorragia prematura, cerca de 12 a 14 dias mais cedo. Isto é a favor da hipótese da campainha muda.

Acções de controlo e prevenção

As soluções médicas para o problema podem ser:

Testosterona. Medicamento para evitar a ovulação. Para obter pseudociese; falsa gravidez. A pseudociese ocorre muito frequentemente, por exemplo, em humanos e cavalos.

Interior de gelo, para reduzir a atividade. Medicamentos como para hemorragias nasais, Stop Hemo.

Para evitar a ressonância com o próprio pulso cardíaco, é possível que a presença de outros organismos com frequências de relógio, possa ser favorável, para diminuir a quantidade. No entanto, parece que a radiação electromagnética dos telemóveis e do computador pode aumentar a atividade dos órgãos, tanto no sexo masculino como no feminino.

Acções dinâmicas

Aplicar uma grande pressão externa sobre uma parte do corpo para obter uma dinâmica adicional e alterar as interações.

Controlar e alterar o campo gravitacional no útero, para alterar os preliminares da interação do sino mudo. Isto está presente para os animais, e coloca os órgãos numa configuração de um sino mudo horizontal.

Uma lâmpada, cheia de ar ou hélio, no interior do útero, para alterar localmente o campo gravitacional. Este método é utilizado nalgumas culturas do sudeste.

COMPARAÇÃO DAS CAMPAINHAS VERTICAIS NO SISTEMA SOLAR E NO UNIVERSO.

Uma comparação com as três luas de Júpiter, Io, Europa e Ganimedes, que têm um acoplamento de fator 2 na rotação orbital, pode dar uma ideia do efeito de uma terceira massa. Como Io é muito vulcânica, parece não ter um efeito de amortecimento neste caso. A Terra e Marte têm um acoplamento de 1,88, mas este parece ser estável. A lua Europa tem alguma atividade vulcânica no seu interior, mas não tanto como Io. Para obter uma menor atividade no útero, foram feitas experiências com o peso aplicado mais baixo, na sangria, mas sem resultados observáveis.

Aparentemente controlado pela lua, é possível que no planeta vizinho Marte as condições para a gravidez sejam diferentes, uma vez que está rodeado por duas luas com velocidades elevadas, Stromberg (2014).

CONCLUSÃO

A topologia de um toro com uma subestrutura fractal foi utilizada para descrever a ressonância do homo erectus feminino. Os resultados foram obtidos com base, por exemplo, na observação da ressonância das marés nas luas de Júpiter. A comparação com experiências realizadas através da aplicação de pesos para alterar as frequências próprias deu resultados que reforçam o modelo para tais ressonâncias.

Com mais investigações, seria interessante analisar se outros órgãos possuem propriedades de ressonância e interação mútua.

AGRADECIMENTOS

A Dra. Vet-Medicine Rebbah, para perguntas sobre períodos de sangue e coisas não tão frequentemente discutidas em relação à mecânica celeste, ao Dr. Halfvarson para informações sobre tópicos relacionados, por exemplo, um dispositivo interior para controlar o pâncreas.

Capítulo 3

Campainhas verticais no homo erectus masculino e possível vida em Marte

Resumo. Em comparação com os planetas e os satélites, são discutidas as configurações de campainhas burras para órgãos. Estas são assumidas como massas alinhadas verticalmente e a atividade é possivelmente suportada pela energia devida à ressonância. As configurações são comparadas com a nossa lua e as luas de Júpiter e Marte. Tendo isto em conta, embora ainda não tenham sido encontradas, são discutidas as condições para a vida em Marte, em termos de escala e funções.

Palavras-chave: ressonância, satélites, cérebro, Prominentia Laryngia, maçã de Adão, escala, movimento, Fobos, Demios, 2, 3/2, pompom

INTRODUÇÃO

Em Stromberg (2015; 2016), foi sugerido que os órgãos (e uma massa exterior) podem atingir uma configuração que causa ressonância. O fenómeno foi comparado com Júpiter e as 3 luas Io, Europa e Ganyomedes. No presente artigo, propomos outras campainhas verticais presentes num ser humano.

Uma vez que Marte está rodeado por duas luas, e as luas parecem estar a governar durante a gravidez, a vida possível em Marte será analisada e comparada com as condições na Terra, tanto qualitativa como quantitativamente.

Em Stromberg (2015), para Tti, foi sugerido que uma memória implica a dependência de um harmónico. Em termos de relações para acoplamentos de frequências, um harmónico é dado por $\ln(\omega/\omega_0)$, c.f. Stromberg (2015). O acoplamento com 2; a oitava, ocorre com muita frequência. Assumindo a dependência da memória (harmónica), implica ln(2), que invertido é próximo de $2^{7/12}$ a quintena em acústica Stromberg

(2015). O significado do fator 3/2, em acústica e para os planetas, é mencionado pela primeira vez em trabalhos de Pitágoras.

Para ratos, hamsters, gatos e cães, os tempos de gestação são de 21, 16 e 63 dias.

Estes podem ser factorizados quase exatamente em dias ou marés (=1/2dias), por ln(2), 7/12 , 3 e 2.

MAÇÃ DE ADÃO EM CONFIGURAÇÃO VERTICAL DE SINO BURRO

Uma diferença entre o homo erectus masculino e o feminino é uma maçã de Adão maior, a prominentia laryngea. Esta, juntamente com o cérebro, pode ser um sino mudo vertical, que, por exemplo, ao falar, causa atividade adicional no cérebro. Se a constelação é mais superior e dá uma mente mais afiada, pode ser discutido.

Tal como se deduz em Stromberg (2016), dois satélites em rotação mútua têm a frequência própria 2 vezes superior à primária. Um terceiro satélite alinhado verticalmente está presente para Júpiter na chamada ressonância de Lagrange.

Assim sendo, é possível que a utilização de um nó de gravata tenha origem numa ideia de aumentar ainda mais a atividade do cérebro, Figura 1.

Figura 1. Homo erectus macho com nó de gravata.

DISCURSO DESENVOLVIDO EM CORPOS ERECTOS

Se a posição erecta permite um maior acoplamento ao cérebro, pode favorecer o desenvolvimento da fala, mas esta capacidade também é atribuída às mulheres e não está apenas ligada a uma maçã de Adão maior.

A VIDA EM MARTE

No planeta vizinho Marte, uma vez que está mais longe de Mercúrio, possivelmente o fator 3/2 de Correia e Laskar (2004), não é tão determinante, mas sim o fator 2. A lua interior gira mais depressa do que o próprio planeta, o que possivelmente dá uma deriva e mais dinâmica à maré.

Suponhamos a existência de duas civilizações extraterrestres; uma com ovulação regida pela lua interior, e outra pela exterior, também muito mais rápida que a nossa lua. Embora próximos, referir-nos-emos a Marte como extraterrestre, para ganhar pontos para o índice de John Baez (1992). A gravidez das criaturas de Fobos pode ser regida por condições mais energéticas, de tal forma que seja mais longa do que os tempos correspondentes na Terra, caso contrário será muito curta.

Em conclusão, para obter vida (como aqui) em Marte, um satélite com dados mais parecidos com os da nossa lua deveria substituir os outros satélites. Como discutido na introdução, possivelmente o fator 3/2 está ligado a um acoplamento de memória e de avanço no tempo que é necessário para a gravidez. Então, para obter vida em Marte, esse acoplamento precisa de ser introduzido. Assumindo de alguma forma que está presente (assim como outras condições biológicas necessárias). Então podemos proceder e calcular o tempo de gravidez à escala da Terra, que seria de alguns dias em Marte (cerca de 3 e 12 dias). Em tão pouco tempo, não haverá tempo para o desenvolvimento de tantos d.o.f. e tamanho. Na Terra, os hamsters dão à luz após 16 dias. Se o período de dias em Marte for menor que meio dia terrestre, o tamanho também diminuirá.

Possíveis acções das luas, para criar vida.

Os objectos que rodam com uma velocidade relativa de 0,26d em relação a Marte, estarão alinhados verticalmente com a lua exterior. Assim, como 0,26 é bastante pequeno, será quase um sino mudo vertical.

Seria possível fazer experiências com uma nave espacial que criasse isto, ou os fenómenos em Marte podem estar relacionados com esta ressonância.

Assumindo que o centro de massa e velocidade das duas luas gira com o planeta, haveria um sino vertical, mas em movimento e possivelmente mais "ativo" quando as luas passam uma pela outra. A sua ação sobre a vida no planeta pode então ser muito forte. Um tal objeto será chamado de satélite p2. A ligação com um barião não será discutida, neste contexto, mas pode ser útil.

Com estes preliminares, podemos construir o tipo de vida a encontrar em Marte.

*Com a gravidez muito curta, a avaliar pelas condições da Terra, seria muito pequena e não teria tempo para se desenvolver.

* Uma vez que o fator 2 é determinante, mais plano e regido pela d.o.f. rotacional, por exemplo, um turbilhão plano com duas velocidades angulares principais, ou um turbilhão com uma subestrutura

constituído por turbilhões mais pequenos, cf. Figura 2

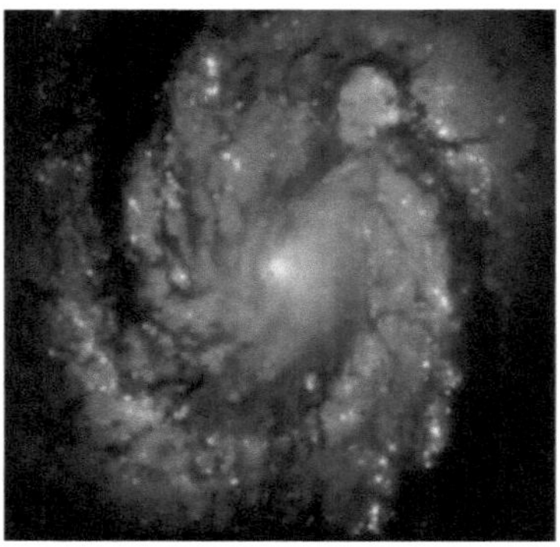

Figura 2. Uma estrutura em redemoinho, possivelmente plana, e em rotação, dando origem a uma pressão mais elevada no interior

* A forma pode mudar ocasionalmente, para lembrar as duas luas em movimento relativo. (Se o tamanho estiver mais relacionado com as luas, pode desenvolver-se uma criatura muito grande).

A figura 3 ilustra uma réplica mais pequena do objeto de duas luas/satélite p2, (espelhado).

A parte superior com trajetória convexa é a lua interior Fobos, e a parte inferior corresponde à lua exterior Demios.

Possivelmente, é um género e uma mudança entre um turbilhão em movimento, quando recolhe energia das luas alinhadas, e uma outra fase. A outra fase pode ser algum cristal, para receber luz, ou o desenvolvimento de algum órgão para se conectar com a outra fase do turbilhão.

Figura 3. É possível que, ocasionalmente, este aglomerado se deforme e adquira as propriedades de um sino mudo vertical, para beneficiar da ressonância e recolher energia. Poderia ser uma réplica deformada e reflectida das luas de Marte, Fobos e Demios, quando passam uma pela outra.

Movimento da criatura em Marte.

Assumir o movimento da luz como uma torção no plano, e depois rápida na direção perpendicular, cf. Stromberg (2015). O mesmo movimento da luz não é tão comum na Terra, entre os animais. Os humanos que fazem salto em altura com o Fobury flop, fazem uma torção e um salto, cf. Figura 4. Possivelmente a torção é pequena dentro das pernas e a energia acumula-se numa mola (de torção ou cantilever), que é libertada, nos animais que saltam.

Figura 4. Fobury flop, em que uma torção começa no pé e o corpo se move na direção oposta, ou seja, perpendicularmente ao plano de torção

Uma vez que as condições em Marte parecem ser mais dinâmicas, podemos esperar um tal movimento em direção ao satélite p2. De um modo geral, seria benéfico, se um tal mecanismo pudesse ser usado como propulsão, para converter diretamente a energia solar em energia cinética.

Se o tempo de gestação, em vez de ser escalado com Marte dias, pode ter tempo para se desenvolver e parecer um hamster. Se também com duas partes e centros de massa, e a capacidade do movimento com flop, uma criatura mais composta, pode ser imaginada. Esta pode ocasionalmente estar localizada a uma distância de Marte, ter duas cabeças, dentes como um hamster e pelo.

CONCLUSÃO

Foi discutido o facto de certas massas poderem amplificar o cérebro de um homo erectus masculino. Outros possíveis sinos mudos verticais:

Chapéu com pompom ou coroa na cabeça.

Dispositivo ocular (invertido) para recolher a luz quando está escuro.

Na ficção, um acumulador orgânico, sugere Paasilinna (2002).

Quando ereto, o órgão masculino pode ser um sino mudo com, por exemplo, a maçã de Adão e as orelhas. Estes têm algumas semelhanças nas formas e a posição é muitas vezes realizada com som.

Neste contexto, pode também ser interessante comparar uma posição vertical com a posição horizontal. Nesse caso, o sino mudo terá a frequência própria sqrt(3), da terra, Klemperer e Baker (1957).

As condições para a vida e a gravidez no planeta vizinho, Marte, foram discutidas e assumidas como diferentes, uma vez que Marte tem duas luas com velocidades elevadas.

Capítulo 4

Teoremas para órbitas não circulares relacionados com a mecânica dos materiais, teoria de Fredholm com resultados de Tricomi, invariante de Lorentz na teoria de Einstein, trajectórias da luz e olho de gato

Palavras-chave: memória, Tti, harmónica, luz lateral, expansão de séries, moldura sónica, olho de gato, tapetum lucidum

Resumo. Comparações entre a órbita não circular e outras modelações, bem como funções de órgãos serão consideradas. A órbita não circular é uma elipse generalizada que depende de um harmónico e de uma mudança de raio. As conclusões para a dependência funcional de um harmónico em relação a uma memória, são derivadas. As trajectórias estão relacionadas com o movimento da luz e de outras ondas para um olho de gato, explicando algumas caraterísticas e a forma.

Introdução

O formato não circular em, será considerado em conjunto com outros resultados.

Em Stromberg (2015), Tti, o espaço J e uma fórmula para uma velocidade perpendicular foram derivados, e várias aplicações foram encontradas. Além disso, esta é, possivelmente, a propulsão que os peixes usam quando nadam numa queda.

Os resultados das equações integrais de Tti e Fredholm serão aplicados a funcionais de memória, Auricchio et al (2008), Gurtin e Podio-Guidugli (1996), considerados em equações constitutivas para descrever materiais com mecânica (contínua).

O espaço-tempo tetradimensional, com invariante de Lorentz, o chamado espaço de Minkovski, ao descrever ondas (de luz), é comparado a uma órbita não circular. As expressões matemáticas para um caso especial, com certos preliminares e uma expansão em série de Tti, estão de certo modo relacionadas.

O interior do olho do gato difere do olho humano, uma vez que possui uma camada reflectora, o tapetum lucidum, que lhe confere caraterísticas especiais para a visão nocturna. Será sugerido que esta iluminação interage com o meio envolvente e não apenas com o interior do olho. O exterior do olho do gato mostra uma pupila, que muda de forma de redonda para elipsoidal, cujas partes podem ser descritas com uma órbita não circular. Aqui, utilizaremos o conceito de quadro sónico, tal como definido em Stromberg (2015).

Teoremas para a memória e os harmónicos

A dependência de Tti e do espaço J pode ser considerada como uma memória, uma vez que consiste numa relação entre o tempo atual t e o tempo anterior $t_{prev} = \pi Z2Z(f\omega)$. A dependência de Tti e do espaço J implica também oscilações. Tais são também a solução da equação de um oscilador harmónico, e uma certa equação integral de Fredholm Tricomi (1957), Stromberg (2008). Aqui, estes resultados serão comparados com o conceito de Memória (para configurações) em equações constitutivas da mecânica dos materiais, Auricchio et al (2008), Gurtin e Podio-Guidugli (1996).

Teorema. "Memória Tricomi". Para certos núcleos a(x,y), a dependência das funções de memória implica soluções em termos de um oscilador harmónico.

Prova. Resultados para a plasticidade não local de Stromberg (2008), com o coo espacial substituído pelo tempo, com base nos resultados para equações integrais de Fredholm de Tricomi (1957).

Corolário. "Memória Tti". As mesmas soluções são obtidas quando se assume a dependência de Tti, Stromberg (2015). Isto pode estar relacionado com o movimento no material ou na estrutura, por exemplo, uma mola torcida ou uma corda.

Comparação com trajectórias de luz

Com o modelo de propagação da luz como uma frente de onda, por exemplo, invariante de Huygens e Lorenz, com velocidade c, a construção geométrica de esferas em expansão (em 2D o chamado cone de luz passada), fornece uma ilustração do que o olho vê. Isto é. Em Stromberg (2015), foi sugerido que a luz pode propagar-se, por uma torção no plano, e depois uma fuga rápida noutra direção. A figura da estrela Charles' wain (e o Cruzeiro do Sul) pode ser uma imagem discreta de um tal trajeto. Isto é consistente com um movimento na íris e depois na pupila. Também no Sol, parece ser olhos, de modo que a luz pode entrar, cf. Figura 1.

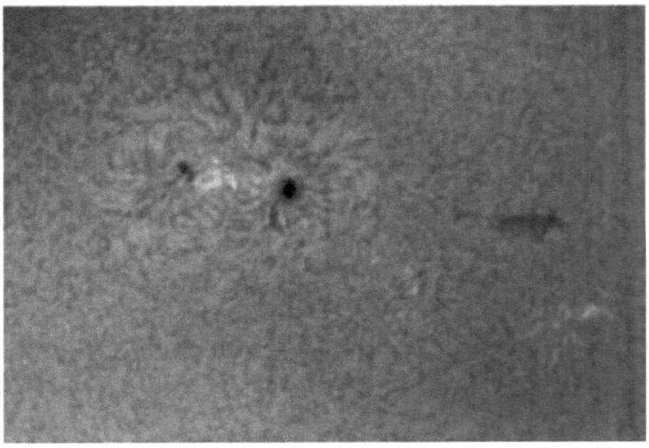

Figura 1. Embora referidas como manchas, podemos questionar se o sol tem olhos, uma vez que estas parecem ser buracos que se assemelham a pupilas.

No que respeita à luz que chega ao olho, esta pode ser de dois tipos:

I . A luz direta acima descrita que se propaga perpendicularmente à sua trajetória numa estrutura fina e "molha" o olho numa órbita não circular.

II. Luz lateral, que chega do lado, mais paralela ao lóbulo do olho.

Observando um olho, a projeção $v_{\pi} \mid 2$ é vista como um brilho. Este está localizado a um ângulo da pupila, e possivelmente este arco do lóbulo do olho é parte de uma órbita não circular.

Comparação com o invariante de Lorentz no espaço de Minkovski

Na teoria da relatividade especial de E nstein, um certo invariante, o chamado invariante de Lorenz (posteriormente abreviado LI) no espaço de Minkowski, fornece uma relação entre o tempo passado e as esferas em expansão. Para a luz lateral, o Tti fornece um invariante, que consiste em informação sobre o passado e o futuro, e uma dependência de um harmónico com frequência $f\omega$.

Expansão da série e estrutura Sonic

Uma expansão em série para pequenos argumentos pode ser comparada com LI, no entanto a parte espacial em Tti não é ao mesmo tempo, não no ponto espacial pertencente a t, mas atrasada com $t=\pi|(2(f\omega))$, e dada por uma (pequena), esfera com centro em $r=r0$.

Outra diferença é que uma velocidade não é imediatamente identificada com uma velocidade constante da luz, mas depende da frequência ω, do fator f e da excentricidade generalizada.

Conjetura: Um caso especial de Tti, com uma excentricidade grande e para um tempo pequeno, tal que uma expansão em série é válida, pode ser comparado com LI.

Exercício. Expandir para diferentes tempos iniciais num quadro com grande excentricidade e visualizar com uma esfera. Comparar, a legenda num quadro sónico Stromberg (2015).

Observação. Para um quadro sónico, existem estados não só com raio próximo de r0-re=z ero (colapsos e explosões), mas também, por referência ao passado e ao futuro, estados com raio 2re=2r0.

Em conclusão: O Tti parece mais composto, e não tão simples como o LI. No entanto, a visualização e a presença em aplicações reais é muito simples. O resultado principal é que o Tti implica soluções harmónicas, e não depende da velocidade da onda, no entanto pertence a uma órbita com duas velocidades.

Uma ilustração da dependência do tempo futuro para a luz num arco não circular é dada pelo ditado sueco: "nar du var en glimt i din faders oga", quando eras um brilho nos olhos dos teus pais.

As descrições do que vemos, com Tti, podem ser subjectivas e necessitam de uma análise mais aprofundada da forma como a excentricidade está relacionada com as cores e como o tempo ou a frequência do relógio é adoptada localmente pelo olho e pelo ser humano.

Como medida absoluta, a frequência (ou seja, a velocidade angular) é mais precisa do que o tempo, mas pode não captar o tempo passado, mas se se mover com pequenos arcos, há apenas um curto tempo monotónico para a luz. Tanto o passado como o futuro estão mais presentes para Tti, na formulação geral, sem expansão em série.

O olho de gato com espelho

Os gatos têm um espelho, no olho, para ver melhor no escuro. Está localizado atrás da retina e é constituído por uma camada de guanina chamada tapetum lucidum. De acordo com os factos do dicionário, isto serve para aumentar a quantidade de luz para a visão nocturna.

De seguida, será apresentada uma descrição mais pormenorizada do funcionamento deste mecanismo. Possivelmente, a superfície do espelho pode ser controlada e curvada, para uma forma óptima de recolha da luz nocturna, que também é curva e muda de curvatura de + para - através de uma singularidade ou descontinuidade, de acordo com a trajetória num prisma, Stromberg (2015).

Figura 2. Pupila de gato, contraída numa tira (com a forma de um quadro sónico)

A pupila do olho de gato tem diferentes formas, desde grande e circular até uma abertura mais fina e elipsoidal, Figura 2. A vantagem desta forma pode ser dupla: Não só para proteger da luz intensa do dia, como explicado na literatura, mas também para criar um estado com uma moldura sónica Stromberg (2015), para produzir uma frequência maior, ou um estado mais denso e energético. O estado inicial pode vir do exterior, devido à energia de uma onda menos intensa, por exemplo, calor ou som. Se a frequência surgir como uma velocidade angular, Stromberg (2015), no raio pequeno, pode ser ampliada (teoricamente pode ser infinita quando r0 é zero, ou suficientemente grande), para entrar como um comprimento de onda.

Em conclusão: A forma de faixa da pupila pode ter como objetivo criar uma frequência maior, detetável pelo olho, a partir do que era inicialmente outra onda, por exemplo, som ou calor. Quando na gama de frequências que pode ser detectada com o espelho ocular, é também possível que uma onda de luz seja submetida, para iluminar o ambiente, no qual o gato se pode orientar. Por outras palavras, o olho de gato também detecta som e calor, e é uma fonte de iluminação.

Estudo médico de gatos expostos a sons de alta frequência.

Resultados recentes em gatos com mais de 10 anos mostram uma doença, de tal forma que eles reagem muito fortemente a sons de alta frequência. Os sintomas mais graves

Os sintomas eram contracções musculares e inconsciência. Os sons eram normais, como o farfalhar do papel, e o efeito também estava presente em gatos com audição reduzida. O estudo não abrangeu a deteção de tais sons, e é provavelmente diferente dos ataques epilépticos em humanos, embora o paralelo tenha sido dado.

Trajectórias convexas e côncavas da luz e forma do fundo

Seria interessante saber se a própria luz pode fornecer um fundo de espelho, por exemplo, a luz nocturna que gira, e pode ser incorporada com outra luz. Os caminhos num prisma Stromberg (2015), sugerem que existe um comprimento de onda onde uma singularidade tal que o raio de curvatura muda de sinal.

Um exemplo é a Northern Light, onde o oxigénio é ionizado, possivelmente com uma relação de frequência com a luz nocturna, que é vista como verde (e por vezes vermelha), em direção ao céu escuro da luz nocturna.

Outra analogia é possível se o trajeto da luz solar em torno da Terra for identificado com o fluxo de ar quando se sopra uma vela atrás de uma garrafa, Figura 3 (os conhecidos truques de Tom Tit).

Figura 3. À esquerda. O papel plano bloqueia o fluxo de ar. À direita, a corrente de ar percorre um trajeto à volta da garrafa, de tal forma que a vela é apagada.

Possivelmente, a luz nocturna percorre caminhos, de acordo com isto, fazendo um céu convexo ou côncavo. Em matemática, isto é estudado em termos do chamado espaço de Frechet.

Exemplos de possíveis $v_{\pi/2}$ -projecções

Em Stromberg (2015), sugere-se que os caminhos da luz podem organizar-se no arco de uma órbita não circular, com uma $v_{\pi/2}$ -projeção. A seguir, algumas ilustrações e materializações de $v_{\pi 2}$, serão listadas

- o espermatozoide a atingir o óvulo.
- soprar a luz por detrás de uma garrafa, ou seja, a experiência de Tom Tit
- a constelação estelar Virgem com um buraco negro no seu interior, numa foto de um fotógrafo sueco.
- Efeito fotoelétrico: A comparação com o efeito fotoelétrico, requer a especificação da energia em relação a Tti. Geometricamente, adoptando $v\pi/2$ -projeção, parece intuitivo.

Conclusão

O Tti (Tove time invariant) derivado de uma órbita não circular foi relacionado com outros resultados em mecânica e matemática. Verificou-se que a chamada memória material é consistente com a dependência de um harmónico.

Foi feita uma comparação com a LI, no espaço-tempo tetradimensional. Em relação à história e ao futuro, foram discutidas as trajectórias da luz.

Foi proposto um olho-de-gato multifuncional, Figura 4. Com os preliminares de uma moldura sónica Stromberg (2015), as pupilas funcionam como ouvidos e espelho; o tapetum lucidum é iluminado (por flashes) e refletido para o exterior.

Seria possível medir se um gato também pode produzir calor ou som de forma inversa através de certas contracções musculares da pupila.

 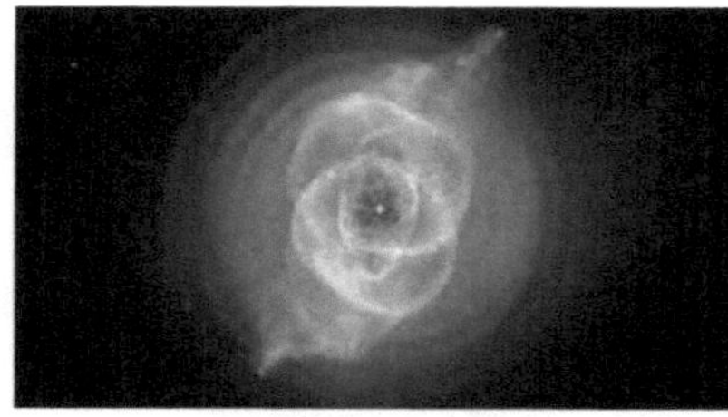

Figura 4. Esquerda: Olho de gato com pupilas redondas. À direita. Olho-de-gato fornecido pela Nasa, publicado na Internet no sítio do telescópio Hubble

Capítulo 5

Teoremas para órbitas não circulares relacionados com a teoria dos números, extensões de Galois, ciclo para f, variedades diferenciáveis e expansão de Taylor de SO(3) num toro.

Introdução

As órbitas não circulares serão analisadas utilizando um quadro de variedades diferenciáveis. Os antecedentes e as notações em matemática e mecânica encontram-se em Arnold (1998). Aqui usaremos o toro para representar ângulos e consideraremos funções destes com algumas preliminares. Em primeiro lugar, discutiremos o fator f e os seus valores discretos. Isto vai emanar numa possível origem para os racionais. É definida uma extensão Galois de valores discretos para f. Esta e as funções sobre f resultarão num ciclo. Depois, analisa-se uma f mais geral, em que o argumento $f\varphi$, é assumido como um produto de dois ângulos (num toro). Para comparar com movimentos de um olho, vamos propor uma certa expansão de Taylor de SO(3) no toro.

Geração de racionais.

Aqui, os resultados para a rotação orbital e sideral de Mercúrio, Correia e Laskar (2004), serão usados para gerar racionais, com adição e multiplicação.

A cinemática do movimento planetário indica que, para o movimento síncrono, o acoplamento é de 1:1 e, como Mercúrio tem 1:3/2, é efectuada uma volta sideral adicional de 1/2. Daqui obtemos os racionais, 1,3/2 e 1/2.

Largura dos valores de f, e um ciclo

O fator 3/2 ocorre quando emana da acústica, memória com harmónica e geometria como $2^{7/12}$, 3/2 e p/2 respetivamente. Este fator será utilizado para assumir uma envolvente para f ou ângulo, como uma largura.

Definição: a largura envolvente, abreviadamente designada por surr, é definida como surr=max(abs(π /2-3/2) , abs(π /2-2 $^{/712}$))

O surr será utilizado como uma extensão Galois de valores discretos de f para derivar um ciclo.

Teorema f-ciclo: O conjunto [1, 2, ln2, 3/2, 3] onde os valores estão dentro de surr, com as operações ('se maior que 2, então ln' e 'se menor ou igual a 2, então dobro') é um grupo e um ciclo nos racionais.

Prova: Ver o código matlab abaixo no Exercício 1, mas assumir um surr, tal que os valores no conjunto são mantidos e uma iteração de ponto fixo não converge.

Assume-se tacitamente que o surr está relacionado com a dispersão e a dissipação em interação com o meio envolvente, por exemplo, para uma onda sonora ou ondas de água Exercício 1. Sem a envolvente; determinar o número de ciclos (a partir do valor inicial 1), até que o valor atinja um ponto fixo.

A solução com o código matlab é fornecida:

```
x(1)=1

para i=2:30

x(i)=log(2*2*log(2*x(i-1)));

fim

x= 1.00001.   01981.   04761.   08481.   13081.   18301.   23691.   28731.33

051  .36471   .39041   .40881   .42151   .4302 1.43601   .43981   .4424 1.4440

1.   44511.44581.   44631.   44661.   44681.   44691.   44701.   44701.44

711  .44711   .44711   .4471
```

Exercício 2. Discuta onde esta energia dissipada pode ser recolhida e libertada num sistema físico.

Decomposição de fω t₀

Para um formato de memória geral, o harmónico depende de um argumento. Na órbita não circular, a dependência é fω0t, onde ω0t pode ser escrito como um ângulo.

Em seguida, consideramos também f como um ângulo, de modo a que a função seja definida num toro.

Os ângulos do toro são assumidos a priori como racionais, ou seja, $2\pi/n$, onde n é um número inteiro. Uma extensão Galois com surr ou tal que os ângulos em R dá, que em vez disso o produto captura num ângulo racional, e os ângulos decompostos estão em R.

Teorema 1: Existem, f, φ, tais que f=φ , fφ é um ângulo racional e abs(f-fφ) é zero, dentro de surr. Este valor é f=φ=sqrt(π^). Dentro de surr também é = π/3=1.

Observações: Como f geralmente assume valores 2, 3/2 e 2, o teorema provavelmente não é tão relevante e importante, no entanto, um exemplo para um movimento é dado abaixo.

Exemplo f=1

Um caso, para f=1, poderia ser um movimento de rotação sideral realizado com deformação, de tal forma que o centro de massa se move, o que dá uma rotação orbital. Isto poderia ser para um planeta deformante ou turbilhões.

Então, um grande turbilhão começará a partir de um pequeno, em vez do contrário, como formulado por Lewis Fry Richardson:

Os grandes remoinhos têm pequenos remoinhos, Que se alimentam da sua velocidade;

E os pequenos remoinhos têm remoinhos menores,

E assim por diante até à viscosidade".

Assumindo a hipergravidade com pressão, obtém-se uma singularidade no interior de um turbilhão deste tipo. Isto pode ocorrer, por exemplo, no aquecimento de um prato num forno de micro-ondas e nos aglomerados das figuras 1 e 2.

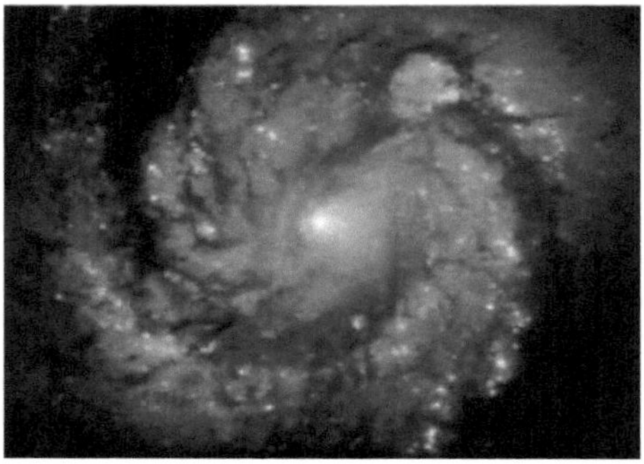

Figura 1. Aglomerado como um grande remoinho e, presumivelmente, também remoinhos mais pequenos para o exterior, e grande pressão no interior

Figura 2. Aglomerado rotativo, com interior claro

Expansão de Taylor de SO(3)

Como parece, muitas análises em topologia dizem respeito a derivadas de Lie em subvariedades, cf. Arnold (1973). Ao contrário disso, no presente capítulo, para estender e definir funções do toro, vamos considerar uma expansão de Taylor de uma transformação ortogonal.

Preliminares: A definição de transformação ortogonal é dada no Capítulo 1. Aqui, consideramos uma 'rotação de um ângulo em torno de um eixo fixo', em coordenadas cartesianas com uma matriz Q.

Teorema p: Uma expansão de Taylor de Q em torno do ângulo π/2 em torno do eixo z, dá Q(1,2)=-Q(2,1)=p

Q(3,3)=1

Q(1,1)=Q(2,2)=1-p*p/2

em que p é um pequeno ângulo

Prova. Expandir as funções trigonométricas em Q e omitir os termos de ordem superior $o(p^3)$.

Seja b um parâmetro de tempo invertido e r um vetor.

Teorema 3D-composto: Então bQr é um movimento de rotação no plano, um movimento fora do plano e uma contração/(extensão) no plano.

Observação: Comparar com a mecânica do contínuo, em que o movimento é descrito com um gradiente de velocidade L=D+W, em que D é simétrico e W é oblíquo. A parte simétrica aqui é diagonal e corresponde à deformação volumétrica menos um (expansão e contração), no plano, e a parte restante fora do plano.

Figura 3. Ilustração da expansão de Taylor de SO(3). A rotação acima é no plano e a parte fora do plano é vista em baixo.

A expansão de Taylor derivada acima é vantajosa, uma vez que

- preserva a estrutura tridimensional

- admite a quantificação e o escalonamento diferente no plano e fora do plano

Em seguida, mostraremos como o movimento certo assumido para a luz nos capítulos 1 e 4 pode ser expresso por essas matrizes.

O movimento de torção no plano e a fuga na direção perpendicular são descritos com a expansão em série.

Hipótese:

- As trajectórias da luz no olho obedecem a bQr.
- O objeto pode aparecer como uma imagem discreta da trajetória da luz à entrada do olho, os chamados brilhos, antes de entrar na pupila.
- A rotação é em Iris. A contração no plano é quando a pupila reage e a fora do plano, quando a luz entra na pupila.

Transformação ortogonal em termos das variáveis em Tti

No Capítulo 1, as componentes da matriz para uma transformação ortogonal, SO(3), foram expressas com as variáveis independentes em Tti.

A notação com $\Delta r_{\pi}/2$ de Tti enfatiza duas coisas, a saber.

i) que se trata de uma alteração espacial e

ii) não ao mesmo tempo. Pode ser uma contração retardada quando se ilumina com luz forte. E à luz nocturna, quando se tenta ver, uma extensão, dada antes de a imagem aparecer.

Aplicação ao olho: A expansão pode ser feita primeiro, como uma extensão da pupila, por exemplo, para ver melhor quando está escuro. Em seguida, o outro movimento pode ser induzido, de modo a que, se não for iluminado, apenas apareça uma imagem discreta da torção no plano.

Aplicação ao céu: Suponhamos que, à luz da noite, o céu fornece um fundo mas a imagem é reduzida a uma iluminação discreta. Então, por exemplo, podem aparecer 4 pontos, como no Cruzeiro do Sul, ou o vão de Carlos, e como não há pupila, a contração nestes casos pode causar a não simetria nestas constelações de 4 estrelas.

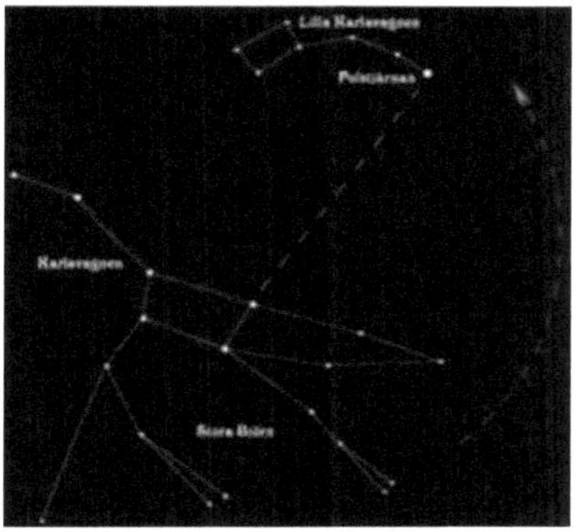

Figura 4. 4 estrelas, em vagões

Observações finais

A partir de um relógio de mercúrio, obtiveram-se os números racionais 1, 3/2 e 3/2-1, que foram sugeridos como base para a obtenção de todos os racionais.

Foi derivada uma pequena largura natural como envolvente para f, que foi designada por surr. Esta foi relacionada com a deriva, a dispersão, a dissipação e a capacidade de recolher energia, de modo a que f obtenha valores discretos num ciclo.

O teorema *f-ciclo* pode ser designado por *ciclo pop,* porque para ser um ciclo, é necessário "pop"-up os valores com cerca de

Se f variar dentro de uma circunferência, $surr=\pi/2-\ln(2)$, então a solução será uma faixa no toro. Também é possível que as soluções discretas atinjam uma largura; tamanho do ponto, dentro dessa surr.

O próprio toro com espaços tangentes pode fornecer graus de liberdade, para descrever o caminho composto, dado pela expansão de Taylor.

O exemplo para f=1, foi ilustrado com turbilhões, possivelmente realizados com hipergravidade e pressão Stromberg (2015), que desde que proporcional a 1/r, é grande no interior. As fotos são fornecidas pela Nasa, no site de imagens do telescópio Hubble, e a localização e tamanhos não são especificados.

Capítulo 6

Geometria diferencial e espaços simétricos. Modelação de um olho de faceta com formas exteriores definidas por funções de Avd.

Palavras-chave: topologia, produto exterior, variáveis independentes, simlectificação, hexágono, surr, subnível, quantificação

Introdução

Um ramo da matemática ocupa-se das coordenadas locais suaves, constituindo espaços, conhecidos como variedades.

Muitas vezes construído por diferenciação de espaços "reais", uma desvantagem pode ser o facto de se perderem algumas informações nesta operação. Por outro lado, existe uma liberdade de escolha entre variáveis independentes e um princípio diretor pode ser incluído no espaço e, por esse facto, estar presente em todas as hipóteses seguintes. Trata-se frequentemente de um movimento confinado a uma superfície, ou da descrição de uma rotação em torno de um eixo fixo.

Uma armadilha poderia ser o facto de a nomenclatura do espaço real ser utilizada também para as subvariedades. Por exemplo, uma geodésica numa superfície significa o comprimento "concreto" entre dois pontos. Esta palavra é utilizada, por exemplo, no Brachistocrone e para designar a distância real entre pontos de uma esfera. Infelizmente, é adoptada na topologia das subvariedades para designar também a trajetória diferencial de uma curva.

A descrição com variedades é benéfica para a descrição de movimentos quando as equações diferenciais com condições de fronteira não podem ser resolvidas com exatidão. Tais movimentos podem ser regidos por outros princípios, locais ou globais. Tem também vantagens na descrição de processos, de corpos reais e de crescimento, bem como de sistemas compostos.

A liberdade de escolher as equações constitutivas e de as reduzir a determinantes é conveniente e coerente com a geometria diferencial. A estrutura será aplicada a um olho de faceta.

Definição de jill-manifold

Definições.

1. A jill-manifold é dada por ($\Delta_{\pi/2}$, ω, φ, f, t) e o Tti do Capítulo 1.

2. A jill-submanifold é dada pelas diferenciais ($d\Delta r_{\pi 2}$, dω,d φ,d f, dt).

3. Uma hipersuperfície na subvariedade jill em que apenas $d\Delta r_{\pi 2}$ e dt variam é uma subvariedade. Este será designado por espaço v.

As seguintes afirmações podem ser utilizadas, assumindo tacitamente movimentos em variedades que se desenvolvem a partir de diferenciais:

- O espaço v pode inicializar um arco de uma órbita não circular.
- O espaço v é uma subvariedade de uma hipersuperfície no espaço jill.

Colectores simétricos

Neste ponto, vamos analisar alguns tópicos e sugerir exemplos de como utilizar a geometria simétrica.

O coletor simétrico tem duas caraterísticas principais:

i) A informação sobre a orientação (ou seja, a direção das variáveis em termos de + e -) está presente na operação principal designada por produto exterior.

ii) Existe uma forma bilinear que se relaciona com uma medida constante e que emana do Hamiltoniano.

Tti fornece um hamiltoniano, a partir do qual se pode construir uma estrutura simplectica. Isto não será analisado aqui. Em vez disso, usaremos as funções ω e p de Avd, e analisaremos as ramificações ao simletizar.

Uma variedade simplectica, com 1 e 2 formas

Tal como em Arnold (1978), começaremos com uma 2-forma geral numa variedade, antes de introduzirmos diferenciais e subvariedades.

Preliminares. Consideremos ω e p de Avd, Stromberg (2015) mas dados por

$\omega = \omega_0 \exp(-2(r_{ecc}/r_0)\sin(f\varphi))$ onde ω_0 e r_0 é constante, e $\varphi = \omega_0 t$ é um ângulo

$p = p_0 \exp(2(r_{ecc}/r)\sin(f\varphi))$ em que p_0 é constante

ou seja, generalizadas tais que e $p=p(r)$ e ω é uma coordenada, não dependente de r.

Para manter o registo das direcções, podemos utilizar a notação das coordenadas cartesianas, (e imaginar o produto exterior como um produto vetorial). Aqui, esta notação será suprimida, mas continuará presente como uma base cartesiana, juntamente com uma dependência apenas da coordenada radial para p, e nenhuma dependência para ω.

Seja (p,ω) uma variedade com uma dita 2-forma; o produto exterior $p \wedge \omega$. Por definição, $p \wedge \omega$ é bilinear e oblíqua.

Teorema. A variedade é simplectica quando $r=r0$.

Prova. Diferencie a 2-forma, e use a condição $p\omega=$const.

O olho facetado é composto por várias lentes hexagonais, cf. Figura 1. Existem também olhos com pêlos, presumivelmente para detetar simultaneamente ondas sonoras. Este objetivo foi também discutido para o olho do gato no Capítulo 3.

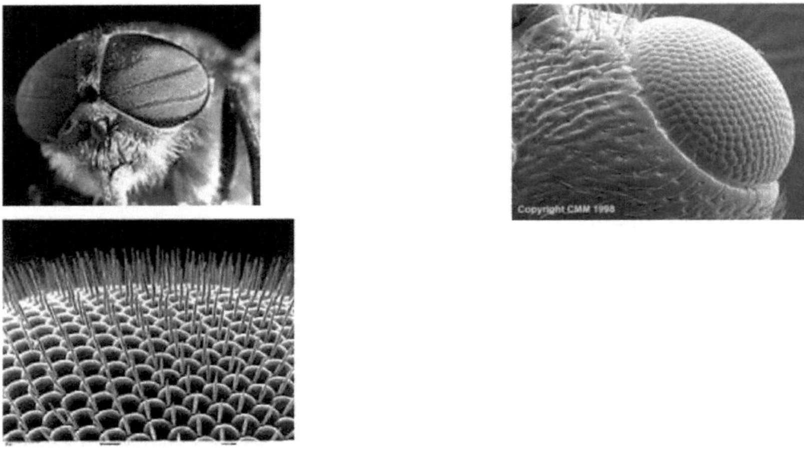

Figura 1. Olhos facetados. Um com pêlos no interior.

Em seguida, vamos derivar a forma de um olho facetado, incluindo os nós suaves que ligam os hexágonos.

Teorema Facett. A variedade é simplectica para diferentes r, num certo ângulo dentro de surr. O surr é definido no Capítulo 5. Para f=3, estes são os ângulos de um hexágono.

Prova. A diferenciação de p^ω dá uma expressão proporcional a sin(fφ). Esta é zero para os ângulos que fornecem um hexágono.

Observação. A extensão de pontos com surr é necessária para obter regularidade até certo ponto, por exemplo, C .[4]

Nível quantificado na subvariedade

Para explorar as possibilidades, seria possível assumir uma dependência de f, e na diferenciação assumir df como um quantum, por exemplo surr. Então, em pontos não simétricos, a visibilidade e as funções poderiam ser constituídas para depender de uma forma 2-. Ao nível quântico, a regularidade não se mantém e são de esperar soluções discretas.

Conclusão

Foram abordados os conceitos de variedades diferenciáveis. A suavidade e a presença de subvariedades são convenientes para descrever processos confinados a uma superfície.

Por fim, partes de um coletor simétrico foram materializadas num olho facetado.

Descobriu-se que é simétrica, no locus onde $r=r0$, e isto é consistente com trajectórias de órbitas não circulares.

É também simétrica em certos pontos. Nestes pontos, a variedade foi assumida como sendo suave, estendendo os pontos com surr.

Capítulo 7

Para um design industrial macroscópico.

Resumo. Muitos sistemas naturais parecem organizar-se em movimentos de órbitas não circulares. Estas são caracterizadas tanto pelo raio principal como por pequenos desvios devidos à excentricidade generalizada e a uma oscilação sobreposta com uma frequência e um fator f. Estas descobertas não são tão exploradas na conceção de novos materiais, pelo que aqui serão propostas algumas aplicações.

Será delineado o modo como as formas das asas e velas das centrais eólicas podem ser projectadas, com os valores discretos de f.

A base das ideias assenta em resultados de acústica, que são bem conhecidos e facilmente verificáveis para determinados sistemas, sobretudo musicais.

Palavras-chave: órbita não circular, elevação, moinho de vento, oitava, duodécima, vela, bobina, indução

Introdução

A acústica e as observações de órbitas planetárias indicam que o fator f na frequência L $\omega L = f\omega_0$ se organiza nos valores discretos, para fluxos e geometrias, Stromberg (2014). Aqui, estas caraterísticas serão utilizadas como ponto de partida, para a obtenção de formas adequadas a aplicações industriais.

Melhoramento de "Ringvinge".

Observa-se que o design fino e leve de um Ringvinge é adequado para a elevação, Figura 1.

Figura 1. O fluxo de ar nas asas dá uma elevação O quadro em Stromberg (2014; 2015) fornece uma descrição:

A trajetória do ar em torno da asa é uma órbita não circular, e a gravidade que actua no canudo determina o fluxo de ar, de tal forma que haverá uma elevação correspondente nos topos. A elevação pode ser relacionada com a aceleração e derivada de uma diferença temporal da chamada projeção $_{vp/2}$, cf. Capítulo 1 e Stromberg (2015).

A secção transversal não é circular, mas sim em forma de maré, Figura 2, ou duodécima; f=3 pode aumentar a capacidade de elevação. Esta última, possivelmente adequada para fluxos rápidos e energéticos.

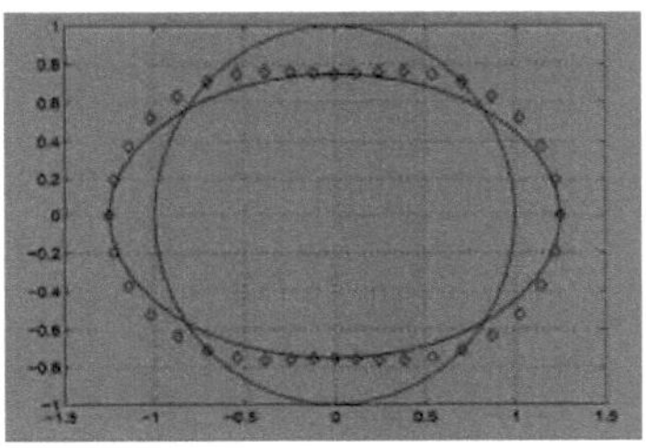

Figura 2. o: Trajetória com vetor de raio derivado em Stromberg (2014), $r = r + r_{0e}$ $\sin(\omega_L t)$, onde r_0 é o raio de uma circunferência, r_e é excentricidade generalizada e a frequência L $\omega L = 2\omega_0$. Linha sólida: Elipsoidal

A duodécima é uma forma triangular fechada, onde a fronteira muda de convexa para côncava 3 vezes por volta, enquanto a forma de oitava (maré), Figura 2, tem dois lados convexos.

Em acústica, a duodécima é uma oitava+quinta acima da frequência do solo.

Desenvolvimento de velas de rotor.

As velas cilíndricas, designadas por rotores Flettner e Hornblower Hybrid, têm sido utilizadas para propulsão a diferentes escalas, cf. Figura 3. Apesar de não ser tão eficiente, é possível que o design possa ser melhorado, e também acionar uma hélice, para propulsão adicional no mar.

Figura 3 (da wikipedia)

Navio rotor E-Ship 1, do fabricante alemão de turbinas eólicas Enercon .

Híbrido de Hornblower

Em cima, à direita. Uma empresa finlandesa está a oferecer um sistema de propulsão eólica que, segundo ela, permite poupanças significativas de combustível para os navios. A Norsepower afirmou que foram feitas poupanças de 2,6% num ensaio de seis meses utilizando uma das suas velas de rotor de 18 metros numa rota no Mar do Norte. A solução de vela de rotor é uma versão modernizada do rotor Flettner - um cilindro giratório que utiliza o efeito Magnus para aproveitar a energia eólica.

Olhando para a Figura 3, estas parecem demasiado pequenas e demasiado pesadas para rodar. Em vez disso, será delineada uma construção maior e mais fina.

Proposta. Com uma vela em formato de cilindro (comparar parte de uma garrafa pet, e a figura do capítulo 4), o ar pode fluir para criar uma maior pressão, e consequente velocidade para a frente. Atrás, em repouso, sem estar presa à vela, pode haver uma barra vertical, correspondente à palhinha da figura 1, mas que a protege, dando uma direção à velocidade para fora. Possivelmente, a vela não precisa de rodar. Para maior visibilidade, as partes podem ser abertas, como num ringvinge. A rigidez para a circularidade pode ser assegurada por dispositivos habituais para velas ou canais com ar.

Em alternativa, para criar a condição inversa com uma força de arrastamento à frente, podem ser testadas formas de deflectores hiperbólicos. Esta hipótese baseia-se no facto de as partes do escoamento na parte lateral da garrafa (por exemplo, ao soprar uma vela, capítulo 4) mudarem de direção e se desviarem, o que cria uma condição com projeção vp/2, transformando-se em arrasto. Geralmente, tais deflectores podem ser benéficos na parte inferior e atrás das asas normais das aeronaves.

Projeto de centrais eólicas.

Outra aplicação é a vela, das turbinas eólicas. Em comparação com o "Ringvinge" e a gravidade, não existe uma direção fixa, uma vez que o vento é mais parecido com um turbilhão.

Com várias formas correspondentes a f=2, 3 (e se 3/2; uma superfície aberta torcida), dispostas em conjunto, a energia eólica pode ser captada de forma eficiente.

Para o projeto de eixo vertical, existem formas abertas, por exemplo, turbinas eólicas Savonius, e para uma hélice eólica clássica, é sugerido um formato relacionado (cilíndrico) para cada pá, Mecaro (2013). O projeto da Figura 4 pode ser facilmente modificado de modo a que as pás tenham as formas desejadas.

Figura 4. Turbina de 3kw

Uma vela de vento, rotativa, pode ser disposta como um Ringvinge, mas a palha não está presa e está localizada no lado do vento. As formas podem ser f=2, e f=3, com uma excentricidade generalizada adequada. Pode ser imposta uma restrição para dar apenas um sentido de rotação. No entanto, também pode ser eficiente um enrolamento e uma mudança de direção, tanto em fluxo turbulento como em fluxo constante, uma vez que isto é caraterístico de alguns movimentos caóticos, por exemplo, a rotação livre em torno do "eixo médio de inércia", resolvida pela chamada construção de Poinsot.

Forma óptima da bobina, para captar eletricidade

Para vários fins, a eletricidade é gerada, por exemplo, num dínamo, rodando a bobina, ou numa turbina, em que, mais frequentemente, o íman roda.

Como se pode ver nas Figuras 5-6, as bobinas são muito diferentes. Neste ponto, discutiremos se existe uma forma óptima de bobina para produzir uma corrente eléctrica por indução electromagnética.

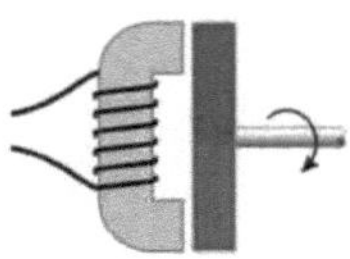

Figura 5. Bobina em torno de um núcleo e íman rotativo

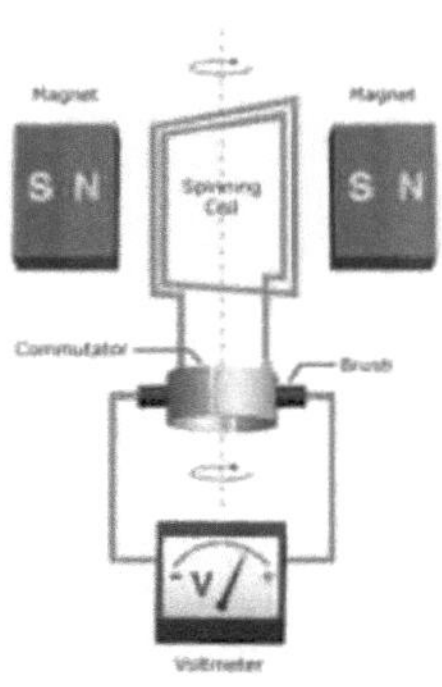

Figura 6. Bobina quadrática rotativa

A figura 5 mostra um pacote de bobinas em torno de um núcleo de ferro, sujeito a um campo magnético variável no tempo. Uma vez que os ímanes são discretos com dois pólos, é possível que o campo B- não seja um harmónico, mas que se transmita dirigindo a carga em pequenos incrementos de tempo como um lado pesado que varia entre + zero e -, controlado pela frequência de rotação.

Mais eficiente, uma vez que o íman é pesado, poderia ser rodar a bobina. Na figura 6, a corrente alternada é induzida por uma bobina quadrática rotativa num campo magnético fornecido por dois ímanes separados. A energia eléctrica é então transmitida com escovas.

Mais frequentemente, há apenas uma volta da bobina quadrada nesta construção. Uma vantagem da rotação de um íman u em torno de uma bobina em repouso é que não é necessário utilizar escovas.

As perdas de calor quando muitas voltas em torno de um núcleo, por exemplo, dispositivos trifásicos a 120gr de distância em centrais de alta tensão, poderiam ser evitadas rodando uma bobina no ar.

Para a forma quadrática, poderia ser analisado o local onde a corrente aparece pela primeira vez e se é possível uma descrição com sónica local, uma vez que o caminho é retilíneo. Além disso, a manutenção de um princípio de linha de fluxo da lei de Bernoullis poderia ser aplicável.

Com equipamento experimental, seria possível medir perdas e efetuar ensaios para aplicações de baixa tensão. Nesse contexto, também a equação de Maxwell e a lei de Biot-Savarts podem ser escrutinadas e analisadas com geometria diferencial. A quantificação e a discretização com f podem ser assumidas, juntamente com uma trajetória pré-descrita, de modo a que a corrente fique confinada a uma órbita não circular. Isto determinará as partes do campo D dependentes do tempo.

Se é vantajoso utilizar várias formas de bobinas para obter frequências sobrepostas e se a bobina de três pontos, tal como é utilizada na produção de alta tensão, é a mais eficiente, são questões para as quais é fácil encontrar respostas.

Capítulo 8

Espaços J aplicados a superfícies, propulsão de peixes e rotação de aglomerados no espaço.

Prefácio

No Capítulo 3, foi delineado um modelo de ficção sobre a vida em Marte, baseado em resultados científicos e em fantasia. No Capítulo 1, a luz foi analisada e descobriu-se que se organiza em corpos juntamente com a água, criando arcos e padrões de cor organizados, materializados como arco-íris; existem também coisas como arcos de nuvens.

Aqui, esta descoberta será o ponto de partida para um modelo de ficção de hologramas orgânicos.

Recordando filmes como Ficheiros Secretos e Homens de Negro, concluiremos com um limerick sobre aforismos relacionados com este assunto.

Embora os aglomerados não sejam reais,

é possível que o sol os tenha comido como refeição,

para criar a homologia, conhecida como astronomia

crente ou não, é livre.

Palavras-chave: aglomerado espacial, Barak Obama, J-Space, v□⁄2-projeção, haltere vertical, holograma orgânico

INTRODUÇÃO

O formato não circular em Stromberg (2014) será considerado em conjunto com as superfícies. No Capítulo 1, um espaço J e uma fórmula para uma velocidade perpendicular foram derivados, e várias aplicações foram encontradas. Além disso, esta é, possivelmente, a propulsão que os peixes usam, quando nadam para cima de uma queda, num fluxo energético que consiste em redemoinhos numa órbita não circular. Aqui, adoptaremos a luz lateral e o espaço J, para analisar aglomerados no espaço, em termos de forma e interações com o meio envolvente.

AGLOMERADOS NO ESPAÇO

As mais recentes fotografias do sistema solar foram fornecidas pelo telescópio Hubble e distribuídas pela Nasa. As fotos serão analisadas sem dados preliminares de tamanho e distância, e tendo em mente a pergunta do presidente Obama ao astronauta Scott Kelly: "Não te assustes quando olhas pela janela". Outro facto é que uma equipa de investigação na Escócia constrói lasers, com o objetivo de destruir asteróides que, presumivelmente, não ardem na atmosfera.

Comparação com nuvens

Os aglomerados da figura 1-4 não se assemelham às nuvens mais comuns. A Figura 1 pode ser comparada com uma nuvem com úberes como uma vaca, designada por Mama, Hamblyn. Neste contexto, pode referir-se que o programa Saturday Night Live relata uma descoberta recente de um objeto muito distante, que foi designado Papa.

Hologramas orgânicos ?

Nevoeiro.

Quando se navega com o vento no nevoeiro do mar, o barco faz um percurso circular, o que indica que a névoa de nevoeiro gira em órbitas circulares. Uma névoa espacial com estas e outras propriedades adequadas deveria então ser muito precisa para recolher a luz e formar imagens.

Será a memória capaz de criar imagens do passado, como um holograma?

Na Terra, um holograma é produzido por luzes provenientes de diferentes ângulos em relação a um objeto e num cristal com um longo tempo de exposição.

A partir da teoria do efeito fotoelétrico de Einstein, um fotão que entra ou o quantum de energia correspondente, fornece um fotão emitido. Adoptando que isto é regido por $v_{\alpha/2}$ - projeção numa órbita de maré, ou numa órbita geral não circular, e.g. f=3/2, isto acontecerá após um intervalo de tempo, no entanto para velocidades elevadas a uma pequena escala, este poderá ser curto. Em grande escala, aplicada a um aglomerado, assumindo as velocidades angulares à escala de Júpiter, a deteção sem ter em conta este atraso poderia fornecer informação, como a de um objeto muito distante. A superfície do aglomerado pode deformar-se para absorver as partículas de velocidade de entrada, e depois deformar-se (numa forma circular perfeita) e não emitir luz.

Fotografias, Fig. 1-4

Figure 1. A parte superior tem a forma de um peixe ou de um golfinho a saltar no oceano. As duas partes podem ser um haltere vertical. Para a fêmea Homo Erectus, o coração e o útero são um haltere vertical, cf. capítulo 2. Na gravidez, o sangue é fornecido ao bebé, numa estrutura fractal.

Figure 2. No centro, o telescópio Hubble, numa projeção em espelho.

Figure 3. Duas terras com nuvens, com alguma projeção (invertida).

Figure 4. Astronauta, quase de cabeça para baixo, e por cima de uma criatura grande.

Algumas fotos não apresentadas aqui parecem ser lixo espacial. Este pode estar a crescer, a alimentar-se de energia e a transformar-se, desenvolvendo um aglomerado com determinadas propriedades.

Figura 1. Agregado, constituído por duas partes

Figura 2. Estrelas e uma projeção do telescópio no centro.

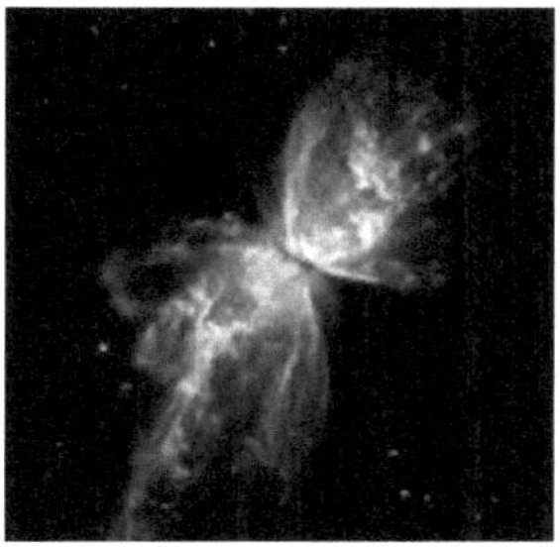

Figura 3. Uma projeção que se assemelha a duas terras e nuvens.

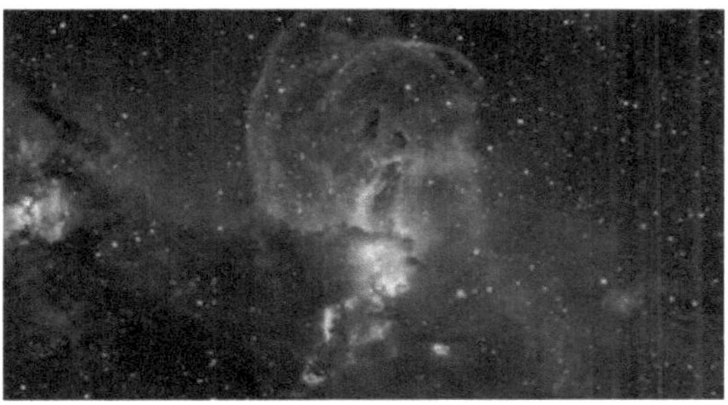

Figura 4. A parte superior parece uma grande cabeça com boca e nariz, e a parte inferior assemelha-se a um astronauta virado de cabeça para baixo, com a cabeça para a esquerda.

Superfícies num cluster.

Uma superfície no espaço é dada por uma equação g(x,y,z)=0, em que x,y,z são coordenadas.

Para a forma, assumimos uma função de energia que depende de subincrementos na superfície e uma minimização com restrições. Para modelar uma determinada forma, podem ser incluídos indicadores como, por exemplo, na teoria da plasticidade das ligas com memória de forma.

Os condicionalismos podem ser assumidos de três formas completamente diferentes

1) As condições para o espaço J estão reunidas, na parte da superfície considerada. Isto fornece energia à superfície, possivelmente do Sol ou do campo magnético.

2) A forma copia uma parte da Terra, por exemplo, um animal ou outra criatura orgânica comum e adequada. Então, possivelmente, estes podem ser um haltere vertical, e por isso, em ressonância com a maré, recolher (ou libertar) energia. Pode também copiar a formação adjacente, e ser um haltere vertical e horisontal, ou sincronizar-se com a lua. Depois, pode assumir as funções da parte copiada. Os sistemas com muitos d.o.f., por exemplo canalizações e tubagens, são relatados como conseguindo organismos no seu interior semelhantes a um humano, e ganhando doenças tais que os humanos recuperam.

3) Os clusters podem combinar-se, trocando ou produzindo, cf. Figura 3.

CONCLUSÃO

Os espaços J admitem diferentes órbitas de ligação, uma vez que não se assume uma origem onde as coordenadas de comprimento e o tempo são zero. Outras interpretações poderiam dar uma ideia das fronteiras de outros espaços-tempos possíveis do universo.

Aqui, foram discutidos esboços de possíveis modelos de fenómenos não conhecidos e verificados, por exemplo, criaturas no espaço e órgãos.

Se os enxames estelares e as nebulosas rodam lentamente e emitem luz com uma projeção v_{al2} -, podem estar mais próximos do que se previa até agora. Com dados adicionais, ou uma interpretação mais alargada, a textura poderia ser explicada como um holograma orgânico.

Rodando lentamente, a baixa temperatura e pressão e com gravidade zero, poderia produzir imagens da história antiga através de uma memória quantizada. O que também pode mostrar são reflexos de criaturas no mar, quando os raios de sol passam pela terra.

REFERÊNCIAS

Arnold V.I (1973). Ordinary differential equations. MIT press 10ª impressão 1998.

Arnold V.I (1978). Mathematical Methods of Classical Mechanics (Graduate Texts in Mathematics, Vol. 60), Springer, 2nd Edition 1989.

Auricchio F, Mielke A, e Stefanelli U (2008).Um modelo independente da taxa para a evolução isotérmica quase-estática de materiais com memória de forma, Math. Models Methods Appl. Sci. 18, 125.

Baez J (1992) Crackpot index, de John Baez http://math.ucr.edu/home/baez/crackpot.html

Correia A, Laskar J (2004). *A captura de Mercúrio na ressonância spin-órbita 3/2 como resultado da sua dinâmica caótica.* Nature 429, 848-850.

Einstein A, Lorentz H.A, Weyl H, Minkowski H.A (1952). O princípio da relatividade, Dover.

Fulton W . (1997) Algebraic topology. Um primeiro curso. capítulo 8, pp 106, Springer

Gurtin ME, Podio-Guidugli P (1996). Forças configuracionais e as leis intrínsecas para a propagação de fissuras. J. Mech. Phys. Solids, 44(6): 905-927.

Klemperer W.B e Baker R.M. (1957). Satellite Librations, Astronautica Ata, 3: 16-27, Springer.

Lovelock D, Rund H (1990). Tensores, Formas Diferenciais e Princípios Variacionais. Dover Publications Inc.

Paasilinna A, Adam och Eva, Brombergs 2002, Capítulo 5, p. 33

Stromberg L (2008). Um caso especial de equivalência entre plasticidade não-local e plasticidade gradiente numa formulação unidimensional.

International Journal of Engineering Science - *INT J ENG SCI* , vol. 46, no. 8: 835-841.

Stromberg L (2014). Um modelo para órbitas não circulares derivado de uma linearização em duas etapas das leis de Kepler. Journal of Physics and Astronomy Research 1(2): 013-014.

Stromberg L (2014). Potenciais generalizados que descrevem órbitas no sistema solar. Derivação de uma "força próxima" que actua na lua interior Fobos. Jornal de Ciência e Tecnologia Aeroespacial 1: 48-52.

Stromberg L (2015). Modelos para localizações no sistema solar. J. Phys. Astron. Res. 1(2): 054-058.

Stromberg L (2015). Movimentos para sistemas e estruturas no espaço, descritos por um conjunto denotado Avd.Teoremas para implosão local; Li, dl e velocidades angulares. Journal of Physics and Astronomy Research, 2(3): 070-073.

Stromberg L (2015). Hipergravidade derivada da densidade-Le e aplicada a um modelo de explosão. Análise das constantes universais da gravidade e da luz em conjunto com o espaço J.

Observações da luz lateral num orifício adjacente a linhas de cores diferentes Comparação com o olho em termos de íris e composição azul Análise da luz monocromática

Jornal de Investigação Científica e Ensaios 1(2)

Tricomi F.G, Integral Equations, Interscience Publishers, NY, 1957 (1985) Dover edition, pp. 116-118.

van Rees W.M, Gazzola M, Koumoutsakos P (2013). Formas ótimas para nadadores anguiliformes em números de Reynolds intermediários. Jornal de Mecânica dos Fluidos, 722.

Walther J.H , Koumoutsakos P (2001). Métodos de vórtices tridimensionais para escoamentos carregados de partículas com acoplamento bidirecional, J. Comput. Phys., 167, 39-71.

More Books!

I want morebooks!

Buy your books fast and straightforward online - at one of world's fastest growing online book stores! Environmentally sound due to Print-on-Demand technologies.

Buy your books online at
www.morebooks.shop

Compre os seus livros mais rápido e diretamente na internet, em uma das livrarias on-line com o maior crescimento no mundo! Produção que protege o meio ambiente através das tecnologias de impressão sob demanda.

Compre os seus livros on-l ne em
www.morebooks.shop

info@omniscriptum.com
www.omniscriptum.com

OMNIScriptum

MIX
Papier aus verantwortungsvollen Quellen
Paper from responsible sources
FSC® C105338

Printed by Books on Demand GmbH, Norderstedt / Germany